풍경을
건너가다

강송숙 시집

문학의전당 시인선
137

풍경을 건너가다

강송숙 시집

문학의전당

시인의 말

이제 정색하고 살 일만 남았다.

2012년 10월

강송숙

차례

제2부

제3부

제4부

제1부

풍경이 내는 소리

일제히 한곳으로 빨려 들어가는 소리
한꺼번에 몸을 던지는 삼천궁녀의 급한 버선발 소리
이 때늦은 눈도 아마 그러할 것
꽃 같고 혹은
눈물 같은

그들이 보궁이다

주말 평창 휴게소 하행선
월정사 행 버스에서 내린 노인들이
빈자리를 찾아 무리지어 앉자
그 뒤를 따라 내린 몇몇의 젊은 여인들 음식을 나르기 시작한다
해피 700고지
이미 가을은 깊어 찬바람이 등줄기를 타고 지나는데
식판을 다 나른 여인들 동그랗게 서서 가슴으로 바람을 막고 있다
그 안에서 노인들
늦은 아침을 드신다
참 맛나게들 드신다
그들이 보궁이다

황후 생가에서

복원이 끝난 황후 생가에
밀랍인형이 넷
강보에 싸인 아기 하나
댕기를 드린 계집 하나
쪽머리 새색시 하나
가체를 올린 여인 하나
각각 방을 차지하고 있는데
구경꾼들 틈에서 홀로 떨어진 백발 할머니
부엌에 들어가더니 아궁이 앞에 쭈그리고 앉는다

아!
인형이 다섯

가을

깊다 라고 썼다가 지운다
익었다 라고 썼다가 지운다
나,
너를 온전히 부를 날이 있을까

윤회

내버려두면 잘 살아갈 것을 곁에 두고 볼까 하는 마음에 물고기 몇 마리 작은 연못에 넣었습니다 스스로 물살에 치이고 거친 돌에 부딪치며 살던 것이 조용하고 맑은 물에도 견디지 못하고 한 마리씩 죽어 올라옵니다 아침에 일어나 나가면 밤새 죽어 몸이 불은 물고기를 건져 나무 주변에 묻어 줍니다 그렇게 대여섯 마리가 소나무 거름이 되었습니다 햇살이 종일 뜨거웠던 여름 한날 소나무 가지 끝에 반짝이던 것이 혹, 물고기 비늘이 아니었을까 유심히 살펴봅니다

봄눈

차창으로 떨어지는 봄눈은 가로 본능이다
닿을 곳이 없어 오래 허공에 머문다
눈송이 하나를 좇아간다
방금 내 눈앞에서 흐느적거리던 것이
브레이크를 밟자
금세
부딪쳐
없어지고 만다

그게
사랑이다

나이 듦에 대하여

흰머리가 올라올 땐 머리가 가렵다는데
오늘은 종일 개미가 집을 짓는다
정수리에서 퍼진 개미들은 목덜미까지 내려와
구석구석 집을 짓고 산란을 한다
긁어도 긁어도 참을 수 없는 욕망
털어도 털어도 떨어지지 않는 미련
그들은 언제부터 내 머릿속에 살고 있었을까
진저리치며 머릴 감고 흐린 거울을 닦는데
갑자기 온몸이 근질거린다

피아니스트의 전설(The Legend of 1900)

그때 그 작은 유리 너머로

내가 널 보지 않았으면–
라고 쓰는 건 틀렸다
네가 나를 보지 않았으면–
이것도 틀렸다
너는 너를 보고 있었던 것이다
나는 너에게서 나를 보았던 것이다
나의 이름은 '레몬 나인틴 헌드레드'
태어난 적이 없으니 나는 죽은 적도 없다
내 삶은 캄캄한 갑판과 피아노가 전부
너를 만나기 전까지는
내 삶은 캄캄한 갑판과 피아노가 전부
너를 보내고 난 뒤에는
그리고 어디선가 너를 위해 연주되고 있는
playing love

이제는 배에서 내려와 네 안에서 영원히 살고 있는 나는

레몬상자에서 태어난 나인틴 헌드레드

사과를 고르다가

세 개에 오천 원 하는 사과를 사는데
인심 좋은 아주머니
옛다 덤이다 하며 한 개를 봉지에 넣는다
같은 자리에서 하나는 제값으로 또 하나는 덤으로
한 봉지에 담겨진다
성적에 따라 자리가 바뀌는 아이에게 자릴 사수하라는
말은
이제 잔인하다
처음부터 덤으로 태어난 인생이 있었던가
돌아와 사과봉지를 풀어놓는데
제 것도 덤도 한데 섞여 오롯이 고운 네 알이다

가을이 시리다

간밤 추위로 더디게 오는 아침
눈앞은 아직 안개 속인데
얼마나 오래 서 있었을까
찬 서리 하얗게 내려앉은 헝클어진 머리
딱 저만한 군인에게 매달려 버스를 기다리고 있다
대책 없이 드러난 허벅지가 퍼렇게 얼었다
미등을 켠 승용차 한 대 눈을 가늘게 뜨고
그들을 지나간다
시골 버스는 한참 뒤에야 올 것이다

바다전언

낚싯배를 탔습니다
바닷물이 튀는가보다 했는데
비가 내린답니다
슬쩍 맛을 봅니다 짠맛입니다
한참을 달려 바다 한가운데 왔습니다
팔다리가 긴 아이 서넛이 밧줄을 감아 들고 바다로 뛰어듭니다
원숭이가 나무를 옮겨 다니듯 그 속에서 무척 자유롭습니다
낚싯대는 아무렇게나 던져놓아도 괜찮습니다
고기 잡는 일은 아이들 몫입니다
울긋불긋 줄돔을 잡아 바늘에 꿰고 줄을 톡톡 치면
배 위에선 월척을 낚은 양 왁자합니다
그렇게 잡은 고기는 아이들이 가져가 먹는답니다
선장이 하늘을 가리킵니다
먹구름이 머리 위에 있습니다
빗방울이 굵어집니다 맛을 보지 않아도 짠맛일 겁니다
서둘러 밧줄을 걷어 올리고 배는 먹구름보다 빠른 속도

로 돌아가야 합니다

팔다리가 유난히 긴 아이들이 갑판에 기대어 꼼짝 않습니다

저들에겐 물속이 더 안전한 모양입니다

내 얼굴은 뭔가 뜨거운 것으로 범벅입니다

망망대해에서 맞는 비는

당신은 모르겠지만 정말

짠맛입니다

여명

노여워 할 일이 아니지
그리고 절망할 일도 아니지
한밤중 고속도로를 혼자 질주한다는 것이 어찌 보면
그리 불행한 일도 아닌데 말이지
어둠이 실금처럼 서서히 갈라지고
눈을 감았다 뜰 때마다 퍽퍽 터지는 실핏줄이 만들어 낸
핏빛 아침
혼자 그걸 본다고 서러워 할 일은 아니지
그래도 내가 못내 아쉬운 것은
망설이는 것
나가는 곳에서 가볍게 뛰어내리지 못하는 것
그리하여 내가 널
영 만나지 못하는 것

손금 보던 날

점이라고는 얼굴에 난 것이 전부인 내가
처음 보는 이에게 알몸 내놓듯 손바닥을 펴 보인 날
잔금이 자글자글한 손바닥을 찬찬히 뜯어보던 보살
어느 눈먼 사내가 처녀인줄 알고 쫓아올 운이라, 고
마흔 넘은 아줌마한테 웬 희롱인가 싶었지만
덕분에 좌중이 온통 즐거워 바닥을 치며 한바탕 웃어대는데
덕담한다는 말
이만하면 일곱 가지 보시 중에서도 상보시가 아닐까

구름

형상기억합금 따위는 진작 닳아 없어진 몸을
아무렇게나 주무르다 버려둔 것 같은
너무 오래 버려두어서
부풀대로 부푼 주검 같은
그 모습이 서운하여 조각조각 맞춰보는데
아직 기억이 살아있는 살점 하나

뚝뚝
피 흘리고 있다

가을비 잠시 다녀가다

소리의 기원

오랜 장맛비에 살아있는 것들이 소리를 잃었다 어느 것들은 빗소리에 동화되기도 했다 시간이 조금 더 지나자 태초에 소리는 하나인 듯 빗소리였듯 문 안의 사람들이 비의 소리를 내기 시작했다 비의 소리에 복종하기 시작했다 그러던 어느 날 문밖의 소리가 궁금한 어린아이가 문을 흔들었다 사람들은 일제히 소리를 질렀고 빗소리는 점점 거칠어졌다 나가지 못한 아이는 안고 있던 흰 쥐를 문에 던져 버렸다 순간 빗소리가 멈추고 사람들은 숨을 죽였다 태초의 고요, 소리는 소리를 지우면서 시작한다

---

* 영화 「마지막 황제」 OST를 맡은 류이치 사카모토는 결정적인 장면에서는 음악을 지워버렸다고 한다. 음악은 소리를 지우는 일이라고 한다.

패스트푸드점 앞에서

돼지고기 곱게 갈아
양파 넣고
마늘 넣고
갖은 양념에
오래 손바닥에 넣고 치대
납작하게 만들어 놓은 햄버거 앞에서
참기름 냄새가 풀풀 날리는 노래 한 곡을 들었지

당신은 사랑받기 위해 태어난 사람
당신의 삶 속에서 내 사랑 받고 있지요

육즙이 새듯 감동이 뚝뚝 떨어지는데
문득 나도 저 안에 들어가고 싶었지
고기도
야채도
양념도 아니지만
그저 들어가 섞이고 싶었지
잘게잘게 갈려

고기도 되고 야채도 되고 양념도 되게
그래서 행복해지고 싶었지

폐사지에 들다

하필 비가 내렸고
걷기엔 마땅치 않은 복장이라 잠시
바라보다 가자 했습니다 귀뚜라미 소리가 유난했던 밤
선잠을 핑계로 나선 길이었습니다
빛의 속도로 오는 안개를 맞아본 적 있나요?
휘청
몸이 공중부양 하는 순간
눈앞에 절 하나가 나타났다 사라집니다
순식간에 일어난 일이었고 사라진 것들은 자취도 없지만
바닥에서 올라오는 더운 기운에 호흡이 가빴습니다
무심한 척 눈감은 돌무더기들이 아직도 펄펄 끓는 것을
몰랐던 탓입니다
비 그치면서 헝클어진 구름들만 내 위에 가득합니다
생풀 냄새가 납니다

제2부

첫눈

저들도 할 말이 많아 제 무게에 못 이겨
아래로 아래로 떨어지는데
그저 고스란히 들어줄 밖에
그것이 내 안으로 들어와 서릿발 서듯 쨍쨍하게
뼛속에 박히더라도

Shall we dance?

무대에 불이 켜지고 나는 주인공이 되어 스포트라이트를 받는다
나를 지켜보는 모두를 향한 눈웃음을 잊지 않는다
음악이 나오고 장미꽃을 입에 문 나는 근사한 연미복의 파트너와 손을 맞잡는다
탱고
몸이 움직일 때마다 장밋빛 드레스는 꽃을 하나씩 떨구어
무대를 온통 장미의 정원으로 만들어 버린다
어느새 사람들은 꽃에 묻혀 버린다
사람을 먹어버린 꽃은 핏빛이다
마주 본 파트너의 눈동자 속에 하얗게 말라가는 내가 있다
손을 뺄 수가 없다
그의 손이 핏빛으로 물들고 있다
함께 춤추실까요?

봄밤

부러진 생강나무를 본 탓이다
아니
그 와중에 어쩌자고 활짝 핀 생강나무 꽃을 보고 온 탓
이다
여기저기 흩어진 꽃가지처럼
아무렇게 쓰러져 한나절을 앓았다
노시인은 앓다가 낫는 맛이 삶의 맛이라고 했지만
설사 낫지 못한다고 해도 눈 가리고 귀 막고
한 일주일쯤 죽도록 앓아도 좋을 날이다

잠시 바람도 지나고
꽃 없이 향만 가득한 밤
그 매운 향에 또 혼자 뜨거워지는 봄밤이다

다음엔 뱅글을 살까 해

하필 밴드가 넓은 시계냐고
어린 애들 같이
당신은 고갤 저었지만 난 더 넓어도 좋겠다고 생각했지
손목을 가만히 들여다보면 저 혼자 팔딱거리는 기특한 작은 핏줄을
어느 날은 모른 척 슬쩍 눌러도 좋겠다고 생각했지
어려 한때 근사하게 죽고 싶었던 적 한 번쯤 없겠나만
이제와
밤마다 긋고 싶은
애꿎은 손목을 이 밴드가 지켜줄지도 모른다고 생각했지
다른 손목엔 여러 겹 팔찌가 어떨까 생각해봤지
한손은 좀 서툴러서 약간 가늘어도 좋겠다 생각했지
사랑하는 당신보다 어쩜 난
그걸 더 사랑했을지 몰라 나를 위해서
아, 이번 여름엔 굵은 뱅글을 살까 해

너를 부르다

장애인들의 시위로 도로가 막힌다는 소식을 들으며
강변도로 위에 서 있는 시간
바그다드 카페를 듣다
사막 한가운데 버려진 듯 황폐한 목소리에
아이는 두어 번인가 서너 번쯤
복잡한 꿈에서 깨어났다 다시 잠들고
밖은 34도
벌겋게 달아오른 모래들이 차창으로 와 박히고
언제부턴가 내가 떠밀려가고 있다고 느끼는 순간
예고 없이 앞을 밀고 들어오는 낯선 차늘과
아주 먼 곳에서 날아온 듯 물비린내 나는 새 한 마리와
마지막 버스까지 차갑게 서 있는 터미널에서 딸을 기다리다 지친 사내와
그리고
Calling you

부석사 오르는 길

발끝에 무심히 밟히는
아직 숨을 놓지 않은 노란 은행잎 하나
혹은 무더기
뽀얗게 분나는 풋사과 같은 여학생들의 웃음소리에
오래 내린 비처럼 깊어지는 가을
바위에 기대고 앉아 숨을 고르는
고목 같은 노인
부처 닮은 얼굴

나의 출사기

연꽃이 잘 피었다기에 출사를 나갔다
줌으로 당겨놓고도 모자라 더 볼 욕심으로
아슬아슬하게 걸쳐놓은 판자를 밟았다가
그만 다리가 빠지고 말았다
아이 대학 입학 때 장만한 카메라를
세탁기에 돌려버리고
공항 면세점에서 산 두 번째 카메라가
또 그렇게 물속에서 생을 마감했다
그날 저녁
연꽃 좀 보자는 남편에게
사진 대신 종아리를 내 보였다
환하게 드러나는 연꽃의 속살

신문읽기

며칠 묵은 조간신문을 넘기는데 종이
소리 심상치 않다
기름 뺀 구운 과자 만지듯 바삭바삭
불안하다 정치가 경제가 넘길 때마다
마른 잎 부서지는 소리가 난다
장편소설을 쓴 소설가의 상반신이 내
손을 따라 안으로 굽는다
부서질까 그를 조심스럽게
뒤집는다 뒤집자
개봉영화를 들고 찾아온 미모의 여배우가
활짝 웃고 있다
그 뒤는 읽지 않기로 한다 대신
소설가를 여배우 곁에 펼쳐 놓는다
그렇게 눅눅해지도록 둔다

백로

이른 새벽 국도변 휴게소
먼 길 가듯 단단히 동여맨 화물차에서
구겨진 얼굴 천천히 내려온다
라면과 우동뿐인 아침 메뉴
그나마 잠 덜 깬 아주머니 혼자 주방과 계산대를 오가니
음식이 제때 나오긴 글렀다
자리에 앉지 못하고 서성이던 사내
담배를 꺼내들고 밖으로 나간다
몇 개의 라면이 동시에 끓고 미처 빠져나가지 못한 냄새로
주방과 홀이 연무처럼 흐려지는데
문을 밀고 들어오는 사내의 손에 가을 국화 몇 송이
하얗게 얼었다

불안한 생

덜 익은 닭고기에서 살아남은 살모넬라균이
몸속에 들어가 장을 파먹는 기사를 보고
냄비 속 닭을 꺼내 갈기갈기 찢어 펄펄 끓여 바짝 졸여 놓고
그러고도 믿지 못해 결국 쓰레기통에 버리고 마는
이.
생.
불안한.

살아생전 준비해야 한다고 수의는 당신이 사고
당신 뭇자린 아들이 샀는데
혹 죽어도 썩지 않는 수입 삼베일까
당신이 의심하는 동안
묫자리가 나쁘지 않을까 아들은 걱정이라
죽고 난 뒤의 팬티*처럼

눈이 어두워지니 공연히 손끝이 예민해진다
보고도 믿지 못해 이젠 손으로 만져보는 수밖에

어쩌자고 세월만 손끝으로 눌러 잡고 있었는지
그동안 네가 왔다 가는 것도 모르고

---

* 오규원의 「죽고 난 뒤의 팬티」에서

전화

숙아, 혜림에미야,
아버지가 낮술 한 잔 했다
내 딸, 낯 찡그리는 소리가 들리는구나 허허

내 평생 백수로 살다가 늙어 시골로 이사 오니 군에서 일거릴 주지 않겠니 하루 두 시간 일주일에 두 번 나가고 한 달 월급으로 이십 만원 준다더라 무슨 일이냐고? 동네 쓰레기 줍는 일이지 아버진 운이 좋아 절 경내를 맡게 되었다 담배 값이나 하자고 나왔는데 오늘이 벌써 한 달 되는 날이다 월급 받아 들고 마음이 심란해 집 근처서 한 잔 하는 중이다 너무 나무라지 마라 혼자 마시냐고? 노인들 둘씩 짝지어 내보내는데 아버지 짝은 얼굴이 곱상한 할머니다 내일이면 짝이 바뀐단다 그래서 인사 겸 같이 앉았다 우리 나이에 이별은 영영 이별이라 서운한 마음이 있다 아침마다 자판기 커피 마시며 자식 얘기해가며 정이 좀 들었나보다 오늘은 아버질 이해해라 그리고

엄마한텐 비밀이다

색 있는 것들은 아름답다

학교 주차장
단풍나무 아래 차를 세우자
일찌감치 가지에서 벗어난 잎들이
몸 둘 곳을 찾다가 천천히 내려와 앉는다
초록이 지쳐 단풍 든다는데
아침마다 마른 몸에 색을 입히는
부질없는 내 모습 같아
울컥 차 문을 여는데
잠시
햇살 같은 바람에
잎들이 일제히 하늘로 날아오른다
순간, 한 번 더 비상하는 것들
환생이다

가족의 탄생

술은 석 잔 이상 안 드립니다
예쁘지만 단호한 승무원의 목소리가 지나가자
금방 서운해진 노인
아들내외가 보내주는 첫 해외여행이라든지
비행기 멀미가 난다든지
술을 더 마시려는 핑계도 허사다
안절부절 못하는 모습을 지켜보던 옆자리 중년
위스키 한 잔을 주문해 받더니 슬쩍 건넨다
석 잔 스트레이트로 이미 불콰해진 노인
반갑게 받아 마시고 나서야 겨우 잠이 드는데
소등 안내가 나오고 다들 잠자리에 드는 시간
어둠 속에서 누군가 다가와 노인 곁에 놓고 가는
생수 한 통
아, 자리끼 한 잔

새벽

등교를 앞둔 아이가
식탁에 앉아
변기가 잔뜩 그려진 책을 보고 있다

수저 위에 흰밥이
입으로 가다가
그중 한 변기 위로 뚝 떨어진다

풍경 하나

성균관대 앞에서
은행나무 길을 따라 내려오는데
대낮부터 거나한 양반
백구 한 마리에게 이끌려 휘적휘적
학교로 올라오다가
수위와 실랑이가 벌어졌다
정문에 백구를 묶어두자는 양반
절대 불가를 외치는 수위
개도 권리가 있다와
정문은 안 된다가 서로 팽팽한데
그 와중에 목줄이 풀린 백구
명륜당 계단에 올라앉아
가을 햇살 아래 오수를 즐기는데

여행가방

이십 년을 같이 산 사람들에게 여행이란
철 지난 신발을 꺼내는 일처럼
새삼 거추장스러운 것
출발을 몇 시간 앞두고
아이들은 간신히 다독여 놓았는데
정작 시든 꽃잎 같은 얼굴 하나
조금만조금만 쪼그리고 누웠더니
양말만 벗은 채 잠이 들었다
잠시 모여 앉았던 가족
각자 자리로 돌아가는데
혼자 꿈꾸고 있는
미처 닫지 못한 여행가방 같은
저
사내

인터뷰

이뻐요
섹시해요
불쑥불쑥 솟는 젊음 틈에
마이크에서 조금 비켜 선
반백 하나
황진이가, 인간적이었어요
가슴께에서 멈춘 엄지손가락
반백의 순정

황진이를 보고 나온 사람을 보다

제3부

혼돈

토끼를 사냥해 구워 먹었단 그의 말에
먹이를 주고 나온 내 토끼들이 생각났다
그럴 수도 있겠지 그렇지만
그렇지 않을 수도 있겠지
그가 잡았다는 게 내가 키우는 것일 수도 있고
어쩌면 나일 수도 있고
날 구워 먹었을 수도 있고

사람들이 잠든 시간에
뚜둑, 뚝
소리를 내며 깨어나는 것들이 있다
장롱이, 문갑이
한밤중에 기지개를 켜는 그것들이 나일 수도 있고
내가 어쩌면 붙박이장일 수도 있고

잘 살다 잘 죽기

개원한 지 얼마 안 된 의사 부부의 동반 자살 소식
신문에는 달랑 넉 줄짜리 기사
티비에선 15초 광고보다 짧은 단신

화장터에서도 가는 순서가 있어
새벽안개를 뚫고 화끈 열 오른 잠시
먼지처럼 사람은 사라졌는데
그날 점심 상추에 보리밥 대신 그들을 올려 꼭꼭 씹다가
울컥 목이 메다

살아있을 땐
그저 침묵할 것
죽기 전에 세상과 화해할 것
아니 타협할 것

발뒤꿈치를 들고 조용히 살다갈 것
절대
그림자를 남겨두지 말 것

서울 한 모퉁이에서 도장을 파며

럭키 서울이라지만 한낮에도 침침한 뒷골목

대낮에 생맥주 한잔 놓고 앉아 가지만 앙상한 은행나무를 바라보면서 저 나무에 엄지손가락만 한 잎이 달려 파랬다가 노랬다 할 때 이 자리에서 저걸 다시 볼 수 있을까 올해 칠순이라는 노인이 말씀하시는데 그땐 꿈도 야무지다 싶었는데 이제 내 나이에 내 이름 석 자 저 단단한 나무토막에 새겨 넣는 건 나도 어쩌면 그 은행잎이 파랬다가 노랬다가 다시 파래질 때까지 오래오래 살고 싶은 맘 아니었을까

이름을 파듯, 무덤을 파듯

인생

요즘 환갑은 제2의 청춘이라지만
못자리만 한 마당 잔디 심는 공사에
새벽부터 문을 두드리며 들어서는
아버지 같은 노인네들을 보곤 가슴이 턱 막혔지
여덟 시간 중에서 서너 시간 일하고 서너 시간 쉬고
젊은 주인 떨어지는 해에 맘이 바쁜데
당신 누운 자리 때 입히듯 손은 더뎌지고
식은 부침개 안주에 걸쭉한 막걸리 한 사발
그대로 땀이 되어 흐른다

작지만 아름답다는 대한민국 국민차
네 명 정원에 노인 다섯이 타고
좁은 골목을 조심조심 내려가는데
어둠 속에서 잔디가 손톱만큼 자랐다

강가에서

사람 발길이 끊어지니
물은 맑아지고
산은 깊어지는 건가

여름내 밟혀 둥글어진 돌들과
가지가 꺾인 채 말라버린 풀들이
제 상처엔 꿈쩍도 않더니
낯선 숨소리에
검은 산 그림자가 휘청한다

어둔 하늘
무너지듯 눈이 쏟아지고
날개를 단 청둥오리들
일제히 승천을 한다

동자승

―〈봄, 여름 가을 겨울 그리고 봄〉

사실 처음엔 나도 잘 몰랐거든요? 중학생이 된 형이 심청이 누나의 이야기를 저녁마다 해주고 볼이 퍼렇게 부어 있던 엄마가 자꾸만 나를 보며 우는 이유를 정말 몰랐거든요? 아침 햇살에 벌겋게 달아 튀어 오르는 물고기 비늘에 늘 속이 메슥거렸는데 산 첩첩 들어가면서 난 정말 오줌을 참느라 눈을 부릅뜨고 있어야 했지요 화살처럼 박힌 이 전나무 사이를 내려 설 자신이 없었다니까요 가끔은 엄마보다 더 나이 든 여인들이 내 머릴 만지기도 하고 울다가 웃다가 그러다 덥석 안아주기도 했는데 울컥 젖비린내에 하마터면 엄마라고 소리 낼 뻔했지요

사방이 문인데 노스님은 늘 한곳으로만 다니더라구요 난 그렇게 살지 않을 거예요 개구리에게 돌도 매달아 보고 형님스님처럼 사랑도 하면서 살 거라구요 문도 벽도 내겐 모든 게 길이니까요

여름도 간다

오래 앉아 있었나보다 저 청년
찡그린 표정이 뒷다리에 가득하다
너무 오래 쳐다보고 있었나보다
내 이마에 주름이 또 한 가득이다
더는 길이 없어 조금 섭섭한 마음으로 돌아 나오는 산책길
휠체어 두 대
배달을 마친 야채 트럭이 한 대
모닝커피를 기다리는 사람들이다
블록 몇 개를 딛고 선 자판기가 아슬아슬하다
러닝셔츠에 반바지를 배 위까지 올려 입은 노인
커피 마시는 사람들 앞을 유유히 지나간다
앉아 있던 청년 슬그머니 일어나
주름을 툭툭 펴더니 그 뒤를 따라간다

젤소미나를 위하여

어디에 숨어있었을까 강아지 한 마리 꼬리를 흔들며 나온다
찬 바닥에 오래 앉아있었는지 걷는 폼이 영 시원치 않다
날 좋아하나요?
날 사랑하나요?
녀석이 하는 일이라곤 꼬리 흔드는 일
흔들고 또 흔들며
날 좋아해줘요
날 사랑해줘요
꼬리가 길면 더러워지지
끝을 자르고 틀어 묶어도
그래도 날 사랑하나요?
시끄러운 건 질색이야
성대를 잘려도 목울대를 떨며
날 사랑해줘요
눈물은 흐르는데 소리는 낼 수가 없지
녀석이 하는 일이라곤 꼬리를 흔드는 일
광대 옷을 입은 너처럼

녹슨 트럼펫을 불던 너처럼

천도재

굳이 대면하고 와야 한다고
5월 봄볕 속에서 주지스님을 기다리는데
조급한 마음에 발을 구르다보니
개미 한 마리 혼비백산 집을 버리고 달아난다
극락전 앞에서 나는 몇 마리의 생을 저승으로 밀어냈는가
안에서는 스님의 기도가 계속되고 있는데
살아 더 죄짓지 말라고 나는 자꾸만
구덩이를 파고 있는데
내 무덤을 파고 있었는데

오월

신체검사를 며칠 앞두고
끼니를 거르는 딸아이를 끌어다 놓고
거위 간을 키우듯 음식을 밀어 넣었지

지독한 것

꼭
의지만큼
토해내는 아이의 뒷모습에서
허물 벗는 나비의 모습을 보았지

어느새 저렇게 가벼워져
소리도 없이 날아갈까 봐
불안했던 거지

들여다보기

접사를 위해 들여다 본 백일홍 속에서
벌 한 마리가 놀라 날아갔다가 다시 내려와 앉는다
갑자기 빨라진 날갯짓 신경질적이다
조금 미안해져 카메라를 거두고 자릴 비켜준다

지난 시절 나도
젖가슴을 물어야 잠들던 어린아이였을 것이고
시도 때도 없이 열리는 안방 문 때문에
허기 면하듯 사랑을 하던 피 끓는 부부였을 터인데

언젠가부터 나는
다 안다는 듯 오만한 눈빛으로
그들의 접사를 방해하고 있었나보다

봄 편지

오랜만에 들어보는 종소립니다
아파트 안으로 두부차가 들어온 모양입니다
사람소리는 없고
종소리만 요란합니다
나른한 한낮
그리 바쁘지 않습니다 저 소리도

산에 가자는 문자를 받고 느긋하게 앉아 있는데
산이 별겁니까
이곳이 산 속이지요

배웅

미리 떨어진 풋것들이 자동차 지붕에서 익어가는
단내 나는 가을
지난밤 비에 눅눅해진 구름이 비켜서고
종일 네가 깔아놓은 이불을 헤치고 헤쳐
겨우 말간 얼굴을 볼 때
혹은
영화가 끝나고 자막이 올라갈 때
불 켜진 그 속을 네가 흰 그림자로 걸어 들어갈 때
그렇게 네 모습을 아련하게 바라볼 때쯤

한참 앞에 서서
길을 쓸고 가면서
또 이렇게 말하겠지
그래
조심히 와

만우절에 장국영을 보다

살아가는 일이 때로
묵은 옷에서 나온 만 원짜리 몇 장이거나
어느 날 갑자기 오랜 책갈피에서 나와
천천히 내 앞으로 떨어지는 너의 사진이거나
그래서 이 무료한 세상 어찌 끝장날 때까지 지켜볼까 하다가도
혹시나 하는 그런 설렘에 다잡고 사는지도 모르는데
영화가 끝난 뒤 크레디트 화면이 올라가는 것을 보며
저렇게 천천히 사라지는 것도 폼 나지 않을까
숨차게 뛰어가지 않아도 떠밀려가는 게 생인데
그는 왜 사신을 일부러 fast forward해 버렸을까
거짓말처럼

봄소식

앞집 살던 독거노인 요양원으로 옮기는 날
느릿느릿 낡은 트럭 한 대
좁은 언덕길 막고 섰더니
쓰레기봉투 몇 개 매트리스 하나
담벼락에 부려놓고 한 시간 만에 떠나는데
그 뒤가 헐렁하다

소리 없이 떠난 노인 배웅하는 이 없이
양철대문 사이로 며칠 빈 인사만 오가더니
비 내리고 찬바람 불던 그 밤 내내
담을 타던 암고양이
한쪽이 꺼진 매트리스 위에 자릴 틀었다

은퇴를 기다리며

정년을 앞둔 교감선생님
앞으로 무얼 하며 지내겠냐는 질문에
그동안 바빠 읽지 못했던 책을 읽겠단다
그것만으로도 몇 십 년은 족히 보낼 수 있을 거라고
거창한 노후계획에 분분하던 이들 갑자기 숙연해지는데
평생 집안일만 하던 내게 은퇴가 있을까마는
삼복더위 무사히 지나고 꽃잎에 이슬 한두 점 맺힐 때
혹은 반쯤 눈 감고 반쯤 귀 닫고 누웠을 때
딱 그맘때쯤에
짧은 시 한 편 읽어주는
낭창낭창한 목소리 하나 곁에 두고 싶다

황사

초등학교 실과 시간
꽃모종을 든 아이들이 운동장 한편에 서성이고 있다
미처 거둬들이지 못한 국기가 떨어져 날아가고
산을 삼킨 잿빛 그림자는 이제 아이들 머리 위에 있다
주먹 크기만큼 땅을 파고
온실에서 막 나온 꽃을 심는데
모래가 먼저 날아와 꽃잎에 박힌다
서둘러 언 땅을 묻는 아이의 손톱 끝에
까만 봄물이 든다
오백 원짜리
천 원짜리 봄이
아이들의 마른기침 소리와 함께 오고 있다

제4부

저녁을 준비하며

안경을 바꾸러 갔더니
노안이 시작된 거 같단다
몇 년은 더 버틸 수 있을 거라 주인이 웃어주는데
웃음소리에 그 몇 년 미리 늙었다
안경을 맞춰놓고 미용실에 들어가
머리를 짧게 잘랐다
자르고 보니 새치가 눈에 띈다고 미용사가 걱정을 한다
그저 숨기는 것이 나을 때도 있다고 조언을 한다
돌아오는 길에 마트에 들러
배추와 무 부추와 마늘 그리고 오이를 샀다
식탁에 쏟아놓으니 아직은 파랗게 살아 움직인다
저것들에 빌붙어 좀 더 살아도 되는 거 아닌가

권태

윙윙거리는 드라이기 소리와 독한 암모니아 냄새
롯트를 만 여인이 혼자 앉아 졸고 있는 동안
'개업10주년 기념 파마 커트 대폭 할인'
일 년도 더 지난 입간판이 문을 열고 나온다
밖에서 서성이던 습한 바람 그 틈으로 들어와
오래된 의자를 지나
오래된 거울을 지나
오래된 조화 옆에 앉았다
간판을 내놓고 들어오는 주인 등 뒤로
방금
무언가 지나간 듯 길게 금 간 하늘
전선에 앉았던 새 한 마리 급히 날아가고
그리고 곧 비 한 줄기

너에게

봄비를 핑계로 정신없이 들이키던 동동주가

아침 산허리에서 서성대는 물안개처럼

내 몸 마디마디를 건드리고 있다

간밤 대관령에 눈이 내렸다는 소식을 듣고 보니

눈앞에 펼쳐진 치악산이 또한 희고 창창하다

사는 일이 늘

눈앞을 지나치며 사는 거

오늘 같은 날은 숙취를 빌어

너에게 사랑한다고 말할 수 있을 것 같다

특강

불교대학 4주차
절하는 법을 배우고
차 마시는 법을 배웠으니
대강의 모양은 갖춘 셈
더러는 낯설고 더러는 낯익은 얼굴들이
부음을 받고 달려온 조문객들처럼
사뭇 엄숙하고 진지하게 눈인사하고 앉았는데
가끔 말문이 막히고
손끝이 떨리는 이는 정작 주지스님인 듯
잠시 침묵하더니
뜬금없이 소리 한 곡조 하시겠단다

– 내가 왜 이러는지 몰라
– 도대체 왜 이런지 몰라

봄밤 사자산 아래
초파일 연등이 그 소리에 놀라
이른 불을 밝히고 있었다

나는 이 세상에서 가난하고 외롭고 높고 쓸쓸하니 살어가도록 태어났다*

나는 가난하지도 않고 외롭지도 않고 쓸쓸하지도 않아야 하니 이제 내가 가난하고 외롭고 쓸쓸하다면 누가 믿어줄 것이고 누가 날 돌아봐줄 것인가 내내 밤잠을 설치게 했던 내 속의 병이 그렇게 원망스럽더니 어느 순간 그것도 내게 붙어있는 한부분이구나 애틋했고 한밤중 혼자 깨어 또 저 혼자 펑펑 내리는 눈을 바라보며 저 일도 아마 헛일이지 싶었는데, 깊은 밤 홀로 내리는 눈이 더 이상 감동은 아닐 터 그래도, 그 시간, 그 순간 내가 널 보는구나 싶었고 그게 어쩌면 전부 아닐까, 순간이 전부일 수 있던, 백석의 시에 기대어

* 백석 「흰 바람벽이 있어」 중에서

꽃피던, 시절

봄비 밤새 내리고
해보다 먼저 맞은 아침
첫새벽 공원 산책에 나선다
성질 급한 개나리 일찌감치 지고
벚꽃 살구꽃 지난 비바람에 떨어져 쌓였는데
그 와중에 할미꽃 간신히 한자리 했다
안으로 접어들자 아무렇게나 널린 크고 작은 무덤들
덤불 속에서 겨울을 보낸 망초 키 세우며
불쑥불쑥 올라오는데
제단도 비석도 없는 무덤 앞에 누군가 정성껏
꽂아놓은 나무 비석

(벌초 해 드립니다)

너도 가는구나

네가 가고 나서야 알았다
탱자나무가 울타리로 심어진 이유를
독하긴 소태 같아 까치밥도 못되는 것이
그래도 태양만 뜨면 팽팽하게 가시를 세우며
활활 혼자 타다
한 점 사리처럼
너도 그렇게 가는구나
꼬들꼬들 말라비틀어져 누구도 돌아보지 않는 동안
손바닥에 어쩌면 바람결에
먼지처럼
가볍게 아주 가볍게
그렇게 가는구나
죽어도 내 곁에서 죽겠다던 너도
너도 그렇게 가는구나

첫 새벽

붉은 조끼를 입은 노인
집 주변을 서성이더니
슬그머니 마당으로 들어선다
키보다 낮은 철문은 있으나마나
덜컥 소리가 나면 누가 들어오는구나
다시 소리가 나면 나가는구나
주인은 아는 체도 않는데
느릿느릿 소나무에 올라가 전지를 시작한다
우수수 놀라 떨어지는 솔가지 사이로
아슬아슬 매달린 백발
바람도 잠시 숨죽이고 있다

와불

막걸리 한 잔과 고운 흙만 있으면
평생 족하다던 내 조각가 선생
쉰을 못 채우고 가면서 영 서운했는지
작품 한 점 남겨놓았다는데
한 계절이 열 번쯤 지나고 오래 빈집 헐리는 날
마른 잔디 틈으로 제비꽃 아무렇게 올라오는
마당 뒤편

당신
그렇게 누워계시다

감자꽃이 피었습니다

달랑 두 줄
감자밭 고랑에
꽃이 하얗게 피었습니다
곁에 쪼그리고 앉아 그걸 만져보다가
혼자 아이를 가진 여자처럼
몰래 헛구역질을 합니다
그, 맛이, 참
슬프게도 답니다

죽은 이의 홈페이지를 방문하다

오늘
누군가가 당신의 부재를 말해주었습니다
그 말은 내게 오기 전 다른 이의 가슴속을 훑고
아주 무심히 내 발끝에 툭, 하고 떨어졌는데
처음엔 그것이 미처 돌아가지 못한 여름의 끝인 줄 알았습니다
어제 보았거나 한 달 전에 보았거나
혹은 몇 해 전 서로 눈인사만 하고 지났을 바람인 줄 알았습니다
한여름 서둘러 피었다가 정작 가을엔 뼛속까지 드러내고 선
코스모스처럼
이제 영 부재중일 당신의 자리는 인디고 블루,

깊은 가을 하늘입니다

봄

차 소리도 행인도 없는데
앞집 독거노인이 키우는 백구 한 마리
무언가에 놀란 듯 밤새 짖더니
아침
허물어진 담을 대신해 겨울을 난
산수유가 꽃을 피웠다

폐사지를 나서다

마을 회관 근처에서 내 뒤를 따라왔던 경운기
한참 만에 곁에 와 서더니
모자도 없이 노인, 제초기를 들고 풀을 베기 시작합니다
그 모습이 너무 조용해 자리에 서서 지켜봅니다
밤 내내 얽혀있던 것들이 몸을 텁니다
산 것의 냄새가 납니다
방금 살았던 것의 냄새가 납니다
중문을 지나
금당 강당까지 가니 날이 밝습니다
등 뒤로 비바람 잠시 지나갑니다
제초기를 실은 경운기 소리 멀어집니다 총총
당신을 나오는데 빗방울이 떨어집니다
문득 돌아보니 오랜 느티나무 한 그루
입을 다문 채 몸만 털고 있습니다

사진 한 장

구약성서에는 시바여왕과 솔로몬 왕 사이에서 낳은 아들 메넬리크가 에티오피아를 건설했다고 한다 에티오피아는 일찌감치 기독교를 수용한 이후 현재까지 국민의 반 정도가 에티오피아 정교 신자다 십자군 전쟁 중 예수살렘이 이슬람 세력에게 점령당했을 때 에티오피아의 성지인 라리벨라가 신예루살렘으로 계획되면서 여러 장소와 교회가 예루살렘의 지명을 따라 이름 지어지기도 했다 바위산 꼭대기에서 수직으로 파고 들어가 만들어진 이 교회는 비행기를 타고 위에서 보지 않으면 건물 자체가 보이지 않는다 숨어있는 교회라는 의미다

약 삼만 피트 상공에서 내려다 본 지구는 거대한 암굴교회다

손에서 내려놓다

이사 날을 잡아 놓고 짐을 덜 요량으로
거실에서 살던 화초 몇 분 베란다에 내놓았다
아직은 찬 봄기운에
죽는 건 버리고 살아남는 것만 챙겨 가리라 싶어
며칠 눈길도 주지 않았더니
여름 장마처럼 밤새 비가 내리고
돌아선 너의 등처럼 뼛속까지 시리던 그 한기에
가까이에서 손을 제일 많이 타던 것이 먼저 죽어버렸다
내심 섭섭한 마음에 매립용 봉투에 넣어 버리려는데
뿌리가 하얗게 마른 것이 이미 오래전에 죽어있었던 것
아, 그만하면 내 맘을 오래 잊았구나 싶어
가볍게 놓아주리라 싶어

겨울

오후 네 시
길어진 그림자만 보고도
가슴 서늘해지는

해설

풍경을 건너가다

박세현 시인

발뒤꿈치를 들고 조용히 살다 갈 것
절대
그림자를 남겨두지 말 것
—「잘 살다 잘 죽기」

1. 여름보다 더운 여름

시인과 해설자가 만나서 나눈 토막말을 속기로 재생한다.

—누구십니까? =해설하는 사람입니다. —해설은 또 뭐여? =생을 까시는군요. —저야 생(生) 까는 게 작업이니까요. =우좌지간, 해설거리 있다고 듣고 왔습니다. —해설에게 순결을 주는 시는 시가 아닙니다. =갑자기, 교양적인 말씀을 하시니 어지럽군요. —시는 교외의 무연고 묘지 같은 것이지요. 그냥 거기 있을 뿐이랍니다. =왜, 아니겠어요. 우리도 알지만, 형편상 같이 붙어서 먹고 살자는 거

시긴데…… —시 해설은 언어의 서커스이거나 헛소리의 전시장이지요. =그래도 나의 헛소리는 진실하다고나 할까요. 막해설이라고도 부르지요. —그 말은 마음에 닿는군요. 그럼, 몇 줄 끼적여보시던가. 단, '영혼의 끼니' 어쩌구 하는 수작은 부리지 말아주세요.

2. 단 한 방의 시

모든 시 쓰기는 무엇이, 시인가에 대한 자기 확인이다. 시가 무엇이냐고 묻는 것은 담 넘어 들어왔던 도둑이 출구를 찾지 못해, '어디로 나가느냐'고 주인에게 되묻는 시인 김수영의 도둑과 입구가 같은 질문이다. 그러기에, '무엇이 시인가?'라는 질문은 '어디로 나갑니까?'라는 질문을 배경으로 한다. 시는 언제나—이미 오리무중 속에 있다. 시에 대한 생각을 명료하게 정리하고 있는 시인은 부럽지만 불안하다. 자판을 두들기면 다 시가 된다는 생각은 시의 재앙이다. 오리무중인 삶을 명료하게 인식하는 시는 물론 위선이다. 오리무중을 오리무중으로 뚫고 나간다, 그게 시다. 위험하지만 그렇게 생각한다, 나는.

무엇이 시인가라는 질문은 늘 시인의 시로 환원된다. 시인이 쓴 한 편의 시가 그의 시적 사유를 지배한다. 마치 '이것밖에 없어요'하고 두 손을 벌리고 있는 아이처럼. 물론, 나는 시를 시인의 일기장이라고 보지 않지만, 그 이상을 넘어서는 것도 아니라고 본다. 언어가 기만이듯이, 언어에 의탁해야 하는 시는 기만적이다. 시는 어쩔 수 없이 기만적 진술이다. 사랑이 사랑을 가리키던가? 너가 너를 가리키던가? 말이 사랑이고 말이 너일 뿐이다. 나는 이런 언어의 속성을 기만이라 부른다. 그래서 한 편의 시에 많은 의미를 탑재하는 시를 보면, '네 명 정원에 노인 다섯이 타고'(「인생」) 가는 정원이 초과된 국민차를 보는 느낌이다. 의미가 시를 혹사시키는 가학성이다. 의미에 속지 말자. 언어가 지시하는 의미에 혹하는 이는 우선 시인 자신이다. 그 다음은 시를 읽는 분들. 시 읽기는 시인이 시를 가지고 독자를 속이면서 자신도 속는 이중구조다. 다 아는 얘기지만, 이 자리에서 사용하는 기만은 '혼인 빙자' 따위에 활용되는 사기가 아니라, 본의 아니게 자신의 본질에 도달하지 못하는 언어의 안타까운 숙명을 시늉하는 말이다. 언어가 의미의 성문 밖에서 좌절하는 이유가 여기에 있다. 그래서 시인은 쓰고, 지우는 일을 거듭한다. 언어가 흔들릴 때마다 그 틈새로 삐져나오는 진실의 빛. 그것을 포착하기 위한 무모한 투신. 이 또한 시인의 하릴없는 운명이다.

언어적 기만에 의지하는 시는 한 번도 남성인 적이 없다. 시는 통째 여성이다. 진리가 여성인 것처럼, 시 역시 여성이었던 것. 대리언 리더의 책 『여자에겐 보내지 않은 편지가 있다』는 이 에세이를 작성하는 데 참고점이 되어 준다. '시인에겐 쓰지 않은 시가 있다'고 고쳐 써보면 말의 윤곽이 드러난다. 문장을 윤색하지 않고 번역하면, 대리언 리더의 원문은 '여자는 왜 보내는 것보다 더 많이 편지를 쓸까'가 된다. 이 원문 역시 시 쪽으로 당겨서 고쳐 써볼 수 있다. '시인은 왜 발표하는 것보다 더 많은 시를 쓸까.' 이 자리에서 표현한 시는 꼭 시일 필요는 없다. 인간의 내면 속에 박혀서 언어라는 집 속으로 몸을 이동하고 싶은 생각은 다 시이고 시의 욕망이다. 여자가 보내는 편지의 수신인이 어디에 사는 구체적인 누가 아니듯이, 시인이 겨냥하는 독자 역시 피와 살을 가진 인간을 넘어서는 존재가 된다. 외출할 때마다 옷장을 열고, 한숨짓는 당신. 입을 게 없어. 옷장 안에 샤넬 드레스 백 벌이 있어도 당신은 이렇게 말하고 있지 않는가. 당신이 갖지 못한 단 한 벌의 드레스가 여성-되기의 제목, 즉 여성이라는 질문에 대한 확정적 대답이다. 여성의 자리는 궁극적으로 비어 있기 때문에 언제나 갖지 못한 드레스가 있기 마련이다. 시가 여성이라면, 시는 언제가 자기 안의 빈자리를 채우기 위한 결핍으로 움직인다. 시인에게는 어떤 시도 자신의 욕망을 채워주지 않는다는 것. 욕망의 빈틈이 채워지는 순간 그것은 다른 욕망을 부른다. 즉, 한 편의 시는 언제나 다른 시를 향한 결핍감으로 시달리게 된다. 백벌의 드레스 앞에서 한숨짓는 여성처럼 시인은 자신을 밀어낼 수 있는 단 한 방의 시를 향해 헌신하는 존재다.

3. 이게 다예요!

시집이 연주가의 앨범에 해당한다면, 이 앨범은 강송숙의 '꽃 같고 혹은/눈물 같은'(「풍경이 내는 소리」) 삶이 온전히, 충분히 녹음된 전곡(全曲)이다. 자기의 삶에 불가피한 형식성을 부여하려는 욕망이 시라는 미학적 형태를 선택하게 했을 것이다. 시는 혼돈에 휩싸인 한 인간의 내부를 다독이고 눌러주는 약발이 있다. 그런 입장에서 볼 때, 이 책에 실린 시들은 '시이거나 아니거나'의 차원을 넘어서는 자기지시성으로 충만하다. '이게 나야!' '이게 (내 삶의) 다예요!'와 같은 발언이 책의 경사면에서 미끄러지고 있다. 물론 '어쩔래'와 같은 자기노출에 대한 보충이 '이게 다예요'를 민망한 듯이 보충하고 있다. 부러워라! 이 해방감이 질투난다. 삶의 도정에서 겪는 인간적 애증을 시 속에 밀어 넣거나 감추면서 시의 주체는 시의 집밖으로 탈주할 수 있으니까. 저 유유한 걸음. 인간의 얼굴로 살아가는 나날의 낯 비침은 투명하지만 어둡고, 어둡지만 투명하다. 그리하여, 시 쓴 이에게 삶의 구체적 감각은 '가을비 잠시 다녀가'(「구름」)는 순간성이거나, '문득 나도 저 안에 들어가고 싶'(「패스트푸드점 앞에서」)은 풍경을 욕망한다. 그래서 나는 이 책을 풍경에 관한 시집이라고 호명하게 된다.

이 시집의 풍경은 '이게 다'라고 들이대는 자기 풍경을 시의 근원으로 삼는다. '이게 다'라는 문학적 판단은 어설픈 철학이나 자기 왜곡에 기댈 수 있다는 차원에서 아슬아슬하다. 문제는 늘 '이게 다가 아니기(not-all)' 때문이다. 우리의 삶은 모든 것을 알 수 없는 방식으로 이루어진다. 거기엔 항상 찌꺼기가 남는다. 시적으로 풀자면, 다 보여주면서 무언가는 감추는 국면이 이 시집의 풍경이다. 좀 그럴듯하게는 풍경의 무의식쯤 되겠다. 순간순간 풍경의 거죽으로 흘러 번지는 무의식 혹은 예전에 헤어졌다고 치부해버린 정서들이 정색하고 돌아오는 풍경이, 이 시집이 애써 드러내고 싶은, 감추고 싶은 진실이라면 어쩔 것인가. 시의 주체는 풍경 내부에 편재하거나 아예 풍경의 바깥에 서 있다. '망망대해에서 맞는 비는/당신은 모르겠지만 정말/짠맛입니다'(「바다전언」)와 같은 경우, 시의 주체는 풍경 안에 있다. 주체와 풍경이 한 몸으로 섞여 있어 주체와 대상간의 간격이 없다. 시의 주인공이 풍경이 되는 순간이다. 시의 주체가 풍경에 속해 있든 풍경의 외부에 있든 차이는 없다. 이 시집에서 무대화되고 있는 차이는 소소한 가장(假裝 masquerade)이다. 마치, 큰 차이가 있다는 듯. '봐, 나는 집안에 있기도 하고 집밖에 있기도 하잖아, 근데 왜 차이가 없다고 하는 거야.' 시인이 풍경 내부에 있든 외부에 있든 상관없이 자신의 풍경에 붙잡혀 있다는 점은 이 시집의 유구한 본질이다.

'그런데'와 '그래서' 사이에서 강씨의 시는 망설인다. 자신의 착지점을 애매하게 뭉갠다. 그것이 '이게 다예요'라고 자신을 투척하는 용기의 발원지다. 용기 앞에는 '서글픈'이라는 수식어가 추가되어야 할지도 모른다. 삶이 필연적으로 구성하는 어떤 불충분성 때문이라면 어쩌겠는가. 운명과 팔자 사이의 거리처럼, 대상과 시적 주체는 너무 멀어져 있거나 너무 가까이 있다. 아니라고? 당근 손 들고 아니라고 하는 축이 있을 것이나, 해설은 텍스트의 의미를 고정시키려는 욕망에 들려 있는 글쓰기다. 왜, 아니라고 하는가. 그 또한 그대의 욕망 아닌가?

4. 시도 애도를 알까요?

나는, 이 시집이 취하고 있는 태도를 풍경과의 거리 문제로 읽는다. 원거리에 있는 풍경은 관찰의 대상이 되고, 근거리는 주체를 풍경 속으로 끌어들인다. 앞쪽의 경우가 애도라면, 뒤쪽의 경우는 우울증이 된다. 자신을 둘러싼 풍경으로부터 자유로운가 아닌가에 대한 해석적 코드다. 프로이트에 따르면, 애도와 우울증은 사랑하는 대상의 상실에 대한 서로 다른 태도이다. 애도는 헤어짐의 현실을 인정하는 경우 완성된다. 상대에게 쏟았던 정을 돌려받고, 다른 대상에게 그것을 투자하는 것으로 끝이다. 우울증은 '죽어도 못 보내'와 같은 경우에 걸려드는 증상이다. '세상을 원망하랴 내 아내를 원망하랴' 따위의 대상과 세상에 대한 끈적임이 우울증을 낳는다. 애도와 우울증은 인간에게 보편적으로 나타나는 정서적 태도다. 우리의 삶은 상실의 연속이기 때문이다. 누구나 상실과 마주치지만 그것을 처리하는 태도는 저마다 같지 않다. 대상에 대한 욕망의 상실이 우울증의 핵심이다. 지젝은 우울증을 색다르게 요약했다. 평생 한 도시에서만 살다가 다른 곳으로 이사를 가게 된 사람이 있다. 그가 슬퍼한 것은 평생 살던 고향을 떠나는 것이 아니라 그 장소에의 애착을 상실할 것이라는, 보다 미묘한 두려움 때문이다. 바로 이런 의미에서 우울증은 철학의 시작이라고 했는데, 이 글에도 생기를 던져준다.

「그들이 보궁이다」는 '주말 평창 휴게소'의 풍경을 별난 시적 장치 없이 편안하게 묘사하고 있는 시다. 젊은 여인들이 동그랗게 서서 바람을 막아주고, 그 안에서 노인들이 아침을 먹는 풍경이다. 시의 마지막 두 행은 '참 맛나게들 드신다/그들이 보궁이다'로 종결된다. 코헨 형제는 '노인들을 위한 나라는 없다'고 했는데, 평창의 풍속은 그렇지 않다는 듯. 범상한 성지순례 모습이 시 쓴 이에게는 순하게, 각별하게 읽혀온다. 걸림이 없는 따뜻한 관찰이다. 말하자면, 이 시는 대상과 주체 간의 간격이 참 행복하게 유지되었다. 그렇지만 시 쓴 이는 이 풍경 외부에 위치한다. 참 맛난 풍경에 끼지 못하는 소외가 있다. 시 쓴 이에게 잘 소화되고 있는 이 풍경을 애도의 과정이라 부르면 어떨까. 그래, 다 그런 거지. 보기에 좋잖아. 사실, 이런 감정은 속류지만, 인간과 세상을 유지시키는 이데아는 바로 이런 속류의 힘이다. 인간이 삶을 살아가는 동력도 이런 힘이다. 바로 이 힘은 여러 시편에서 다른 상황을 가장하고 나타난다. 어쩌면, 아님 말고, 시침 떼고 관찰에 기대는 덤덤한 애도적 시선이 시 쓴 이의 일상적 삶을 일상처럼 가장하게 만들어주는 심리적 배후인 것이나. '윙윙거리는 느라이기 소리와 독한 암모니아 냄새/롯트를 만 여인이 혼자 앉아 졸고 있는 동안'은 근사하다. 권태와 미용실이 협력하여 완성한 일상의 풍경이다. 권태의 겉은 정적이지만 속은 소란하다. '무언가 지나간 듯 길게 금 간 하늘/전선에 앉았던 새 한 마리 급히 날아가고/그리고 곧 비 한 줄기'(「권태」) 지나간 자리가 그 자리를 지운다. 아무 일도 없었으나 모든 일이 가능했던 권태로운 시간은 이 책의 한 축이 될 것이다. 「권태」는 그런 점에서 이 시집의 표준적 의미에 해당한다. 애도와 우울증이 만나서 사이좋게 평균점을 찾는 징후로서의 시적 순간이다.

나는 이 시집에서 애도와 우울증의 정서를 만나고 있다. 그런데 그것은 상식적인 차원의 애도와 우울증이다. 상실의 대상에 대한 분석이 아니라, 풍경으로 요약한 대상현실과 시적 주체를 통합하는데 실패하는 장면을 나는 그렇게 불렀다. 시적 주체는 풍경과 자신을 화해하거나 통합하는데 실패한다. 그것은 마치 아킬레스와 거북의 경주를 닮는다. 거북은 언제나 너무 빠르거나 너무 느리기 때문이다. 여성들이 어떤 자식을 낳았는지 모르듯이 시 쓴 이도 자기가 어떤 시를 썼는지 모른다. 그것은 언제나 남의 수중에 있다. 어긋난 풍경 속에서, 자주 어긋나는 마음은 풍경으로부터 자신을 분리해내지 못하는 갈등이다. '굳이 대면하고 와야 한다'(「천도재」)고 자신을 몰고 가는 '굳이'라는 부사성 심리는 대상의 천도를 연기한다. 대상을 붙잡고 놓지 않는 것은 대상이 남긴 잔여를 소화하지 못하고 있기 때문이다. 감미롭게 건드려지는 이 정서를 우울증적 정서라고 불러야 하지 않을까 싶다. 가도 아주 가지 않고, 보내도 아주 보내지 못하면서 서성대는 심사는 이 책의 뒷면을 물들이는 환영적 도착(倒錯)이다.

더불어, 이 책에 덧씌워져서 시를 붙잡고 있는 죽음은

또 무엇일까? '항상 강송숙씨에 대해 알고 싶었지만 감히 이웃에게 물어보지 못한 모든 것'은 여기에도 있다. 마치, 질문되어서는 안 되는 것처럼 혹은 질문이 답으로 귀환하는 론도성 의문 같은 것이 책의 행간에 걸쳐 있다. 「손에서 내려놓다」는 베란다에서 죽은 화초를 보면서 '섭섭한 마음'을 달래는 시다. '돌아선 너의 등처럼 뼛속까지 시리던 그 한기에/가까이에서 손을 제일 많이 타던 것이 먼저 죽어버렸다'는 시적 진술은 이 시의 아픈 현실이자 시 쓴 이의 손을 벗어나면서 환상으로 돌아온다. 현실이 흔들리고 부서질 때마다 기다렸다는 듯이 찾아오는 좀비성 환상. '죽어도 내 곁에서 죽겠다던 너도/너도 그렇게 가는구나'(「너도 가는구나」) '그동안 네가 왔다 가는'(「불안한 생」), 'Calling you'(「너를 부르다」), '배웅'(「배웅」), '어느 날 갑자기 오랜 책갈피에서 나와/천천히 내 앞으로 떨어지는 너의 사진'(「만우절에 장국영을 보다」) 등의 조각들은 대상의 죽음 혹은 사라짐을 고정점으로 하여 누벼지는 애도적 텍스트다. 혹은 애도되지 않고 남아도는 잔여다. '죽은 이의 홈페이지를 방문하'(「죽은 이의 홈페이지를 방문하다」)는 것은 부재의 흔적을 확인하는 행위다. 시 쓴 이의 텍스트에서 이 부재하는 존재들은 '막걸리 한 잔과 고운 흙만 있으면/평생 족하다던 내 조각가 선생'(「와불」)의 죽음처럼 '와불'로 추모되거나 특권화 된다. 이것이 덧나지 않는 애도라면 아마도 이 시집에 존재했던 애도와 우울증에 대한 공식적 누빔점이 될 것이다. 언제나 거기서부터 출발하고 항상 불가피하게 그 위치로 돌아오는 사랑의 환상이거나 환상 위에 부유하는 사랑이거나.

'당신을 나오는데 빗방울이 떨어집니다/문득 돌아보니 오랜 느티나무 한 그루/입을 다문 채 몸만 털고 있'(「폐사지를 나서다」)는 풍경은 마치 영화의 크레딧이 올라가는 마지막 장면 같다. 시인 자신도 읽어낼 수 없는 저 깨알 같은 크레딧의 문자적 부유물들. 그러나 자신을 붙잡고 놓아주지 않았던 '폐사지'를 나서는 의미성은 커 보인다. 마음의 잔고가 없어서 삐걱대는 어긋남이 모두 하나의 풍경으로 통합되었다는 뜻일까? 그렇다, 나는 그렇게 이해한다. 이 시집에 드러난 애도와 우울증은 하나이면서 여럿이고, 여럿이면서 하나였다. 하나가 여럿으로 확산하고 여럿이 하나로 수축하는 광경은 이 책의 본능이자 의미론적 배경이다. 잃어버린 대상을 '다시 잃어버리는' 작업이 애도라면, 이 책은 애도에 저항하는 증상에 붙잡혀 있다. 애도의 잔고로 인해 어지러운 증상이 우울증이라면 이 책은 우울증적 유형에 잡혀 있거나 그것을 은밀하게 가장한다. 라캉주의자들 사이에 회자되는 농담이 있다. 자신을 곡식 알갱이라고 믿고 있는 환자가 치료를 받고 퇴원하는 날, 병원 문밖을 나서다가 놀라면서 되돌아왔다. 문밖에 있는

닭들이 자신을 쪼아 먹을까봐 두려웠던 것이다. 주치의: 당신은 곡식 알갱이가 아니라 인간이라는 걸 잘 알지 않소? 환자: 물론 나는 알지요. 하지만 닭도 그걸 알까요? 시인이 자기 시의 무의식적 진실을 아는 것만으로는 충분치 않다. 무의식이 진실을 받아들여야 하는 것이다. 우리는 어떻게 물어야 하나? 시도 애도를 알까요?

5. 그러나, 그럼에도 불구하고

강씨의 시들이 시 쓴 이의 전면적 진실을 삶의 풍경 속에 통합시키려는 의도와 달리 너무 늦거나 너무 빨라서 대상과 나란히 갈 수 없다는 것이 이 글이 힘주어 떠들어댄 요지다. 애도에 대해 말했지만, 한국시는 일찍이 애도되었다. 그러므로 시는 시대착오의 산물이다. 더 갈 길이 없는 시들이 우후죽순처럼 쓰여지고, 문학상을 주고받는 일은 일말의 우스개다. 이것은 한국문학이라는 시스템이 관성에 기대어 움직이는 현상이고, 이는 문학의 본능과 다른 길이다. 이제 문학은 우리의 문제가 아니고 당신의 문제로 한정된다. 문학이 망가졌다는 걸 잘 알아, 그렇지만 나는 그냥 모른 척하고 쓸 거야. 여기에 동의하는 자들이 남아서 시를 쓴다. 이른바 물신주의적 분열의 태도이다. 이 태도는 시 자신보다는, 시를 쓰는 주체에게 만족감을 돌려준다. 이와 같은 시 쓰기야말로 진정한 인문학의 출발이자 도착점이기도 하다. 무의식을 달래는 방식으로 이만한 것도 없을 것이기 때문이다. 시가 멸종하지 못하는 소이도 여기일 것이다.

시집 한 권으로 문학에 이름을 기입하는 의미는 무엇인가? 그것은 스스로 봉합할 수 없는 어떤 분열에 노출된 주체라는 뜻이 된다. 시가 별 볼 일 없다는 거 나도 잘 알아요. 그러나, 그럼에도 불구하고 나는 여전히 시의 영광을 믿으면서 시에 붙어 살 겁니다. 사랑하는 사람은 떠났지만, 보내지 못하는 그 '헛된' 마음으로 시를 대할 겁니다. 나는 이 말에, 이런 태도에 공감한다. 초(超)하이테크적인 시와 정신의 스트립쇼 같은 시들이 득시글거리는 시대에 이 시집은 그들과의 경쟁을 외면하고 불어대는 소박한 독주(獨奏)다.

이 시집에는 몇 편의 수수한 유머를 담고 있는 시가 발견된다. 이 시집 전체가 정장차림에 정색을 한 C메이저 같은 시들로 채워져 있다는 점에서 유머는 예외적 진기성이다. 마치 단추를 몇 개 풀어놓은 듯한 모습의 시들이다. 「나의 출사기」, 「가족의 탄생」, 「전화」, 「여행가방」, 「들여다보기」, 「꽃피던, 시절」과 같은 시편들에는 작고 소담하고 훈훈한 웃음이 박혀 있다. 개인적인 경험담이거나 여행과정에서 관찰된 듯한 단편적인 서사를 통해 독자들을

'맞아, 그럴 수도 있지'와 같은 맞장구를 치게 만든다. 실로 우습지 아니한가(歌)! 이 범주에 포함되는 일단의 시들은 시인과 상관없거나 일정한 '간격'을 유지할 수 있는 풍경을 대상으로 삼는다. 인간사란 가까우면 비극이지만, 멀어지면 희극이다.

「저녁을 준비하며」는 이 책에 시적인 탄력을 부여한다. 어디서나 볼 수 있고 들을 수 있는 그렇고 그런 아줌마의 푸념에 시의 입김이 얹어졌다. 한 인류가 늙어가는 징후와 마주치는 순간은 당혹스럽고 잔인하다. 늙었다는 사실보다 늙는 것 같다는 징후와 예감이 더 괴롭다. 안경을 맞추러 갔다가 노안이 시작된 거 '같다'는 통보를 받는다는 시의 전제는 이 시의 가상스러운 문제제기다. 엘리베이터에서 아직 '젊다고 생각하는' 남자를 보고 미취학 아이에게 젊은 엄마가 하는 말과 같은 위력이었을까? 하라버지, 이 놈 한다. '노안' '새치'(라기보나 흰머리일 것이고)는 할아버지와 동일한 기표다. 역시 시는 설명이 안 되는 물건이군요. 이렇게 설명하면 산문적 납득은 되겠지만, 시는 '니들끼리 놀아라' 하고 도망간다. 시는 메시지가 아니라, 메시지를 잘게 부수어 나누어가지는 형식이다. 조각을 맞추어야 비로소 의미가 되지만, 마지막의 한 조각은 어디에도 없는 불구적 조각 맞추기다. 이 시는 언어를 묘하게 통제하면서 뜻밖의 의미를 산출하는 시다. 이 시집의 정신적 좌장격인 시다. 안경집 주인은 노안을 지적하며, 몇 년 더 버틸 수 있을 거라 웃어준다. 이 웃음!소리에 시적 주체인 아줌마는 몇 년 미리 늙는다. 이번엔 미용실에 들어가 머리를 짧게 자른다. '짧게'는 '노안'의 반동일 것인데, 이번엔 '새치'가 적발된다. 숨기는 것이 좋을 때도 있다고 주인은 조언한다. 새치도 미용실 주인도 왜들 다 이 모양인가? 여기까지는 삶에 대한 서사적 이해에 지나지 않는다. '돌아오는 길에 마트에 들러/배추와 무 부추와 마늘 그리고 오이를 샀다/식탁에 쏟아놓으니 아직은 파랗게 살아 움직인다/저것들에 빌붙어 좀 더 살아도 되는 거 아닌가'라는 결구는 놀라운 반동력이다. 어디에도 보이지 않던 시가, 시의 눈빛이 반짝이는 순간이다. 새치 돋은 여자는 무엇으로 사는가? 새치가 돋기 시작한 여자들은 마트에 들러 싱싱한 채소를 살 일이다. 절묘한 화해다. 이 시의 발상은 저급한 아이디어 차원이 아니라 시의 섬광이 움직이는 짜릿한 순간이다.

「저녁을 준비하며」가 이 시집에 수록된 많은 시들의 중얼거림을 보기 좋게, 성공적인 목소리로 봉합시킨 버전이라면 나는 군소리하지 않겠다. 이는 취향의 차원이 아니라 시적 성숙의 차원이기 때문이다. 그런데 「신문읽기」는 이 시집에 실린 좋은 시들과 그 일행들을 '잠깐' 하면서 제지하고, 꺼내든 회심의 패와 같다. 이 시는 신문이라는 물질적 크기 속에 세상만사가 응집되듯이 시 전편의 꼼꼼한 문체를 통해 시 읽는 재미를 몸 전체로 보여준다. 이런 상상력이 더 확장되기를 바라지만, 그건 마치 축구경기의 해설자가 경기장 밖에서, '지금이 슛을 날릴 찬스입니다. 어서 걷어 차!' 하는 입방정과 같으리라. 어떤 시는 정서만으로 시가 되고, 어떤 시는 손끝으로 만들어지기도 한다. 둘 다 실패에 도달하는 것은 시간문제일 뿐이다. 「신문읽기」는 흔히 목도하게 되는 나쁜 시들이 넘지 못한 시적 문체의 허들을 자연스럽게 넘어치운 기쁨이다.

6. 풍경을 건너가다

나는 이 시집의 본질을 풍경의 문제로 이해했다. 주체가 대면하는 삶의 여러 국면이 다 풍경이라는 말에 스미기를 바라면서. 아니, 그렇게 몰고 왔다. 삶에 정답이 없듯이, 문학이라는 골목에는 맞는 것도 없지만, 틀린 것도 없다. 그래서 이 동네는 사기술이 발달한다. 모든 예술은 판타지 위에 축조하는 모래성이다. 시의 주체는 풍경 속에 자신을 밀어 넣고 싶은 욕망에 시달리지만, 너무 가까이 있거나 너무 멀리 있어서 늘 어긋난다. 그것은 이 시집의 저자가 자기 안에 '불가피하게' 키우고 있는 근원적이고 의미론적인 질병이다. 언어에 가려서 질병의 생짜를 보여줄

수 없는 이 한계. 평범한 인류의 복잡한 욕망은 항상 증상적으로 자신을 긁는다. 때로, 때때로.

얼추, 해설 분량이 되었겠지 어림하며 노트북 화면에서 눈을 떼니, 저문 들을 바라보고 있는 여자의 등이 보인다. 들녘에서 불어오는 바람, 흩날리는 귀밑머리, 바람에 불려간 생각들. 카메라는 여기서 스톱 모션이다. 해설이 끝나면 독자들 앞으로 팝업될 이미지는 어떤 것일까? 어스름 들녘에서 '혼자 아이를 가진 여자처럼/몰래 헛구역질을'(「감자꽃이 피었습니다」) 하는 사람이 당신이었던가? '썼다가 지운'(「가을」) 풍경 속을 다시 건너가고 있다는 뜻인가? 결과는 언제나 원인을 가리키고 있다는 것이 이 에세이의 개인적 격언이다. 저자에게 수고를 전차하는 뜻으로 CD 하나를 밀어 넣고 버튼을 누른다. 음악은, 지금 저 아래 올라오고 있는 그대의 시 「신문읽기」다. 아베 야로의 『심야식당』에 앉아 푸딩을 먹는 상상을 하면서. 그 뒤는 생각지 않기로 한다.

며칠 묵은 조간신문을 넘기는데 종이
소리 심상치 않다
기름 뺀 구운 과자 만지듯 바삭바삭
불안하다 정치가 경제가 넘길 때마다
마른 잎 부서지는 소리가 난다

장편소설을 쓴 소설가의 상반신이 내
손을 따라 안으로 굽는다
부서질까 그를 조심스럽게
뒤집는다 뒤집자
개봉영화를 들고 찾아온 미모의 여배우가
활짝 웃고 있다
그 뒤는 읽지 않기로 한다 대신
소설가를 여배우 곁에 펼쳐 놓는다
그렇게 녹녹해지도록 둔다

문학의전당 시인선 137

풍경을 건너가다

© 강송숙

초판 1쇄 발행 2012년 10월 22일
지은이 강송숙
펴낸이 김석봉
디자인 조동욱

펴낸곳 문학의전당
출판등록 제311-2012-000043호
주소 서울시 은평구 연서로11길 7-5 401호
편집실 서울시 마포구 공덕2동 404 풍림VIP빌딩 413호
전화 02-852-1977
팩스 02-852-1978
블로그 http://blog.naver.com/mhjd2003
전자우편 sbpoem@hanmail.net

ISBN 978-89-98096-05-2 03810